LE
VÉNÉRABLE PÈRE ANTOINE LEQUIEU

LES

RELIGIEUSES DU T.-S. SACREMENT

ET

LES CONFRÉRIES QUI LEUR SONT AFFILIÉES

RAPPORTS

PRÉSENTÉS AU CONGRÈS EUCHARISTIQUE

D'AVIGNON

AVIGNON

AUBANEL FRÈRES, IMPRIMEURS
DE N. S. P. LE PAPE ET DE MONSEIGNEUR L'ARCHEVÊQUE
Place Saint-Pierre, 9

1883

LE VÉNÉRABLE PÈRE ANTOINE LEQUIEU

LES RELIGIEUSES DU T.-S. SACREMENT

ET

LES CONFRÉRIES QUI LEUR SONT AFFILIÉES

Permis d'imprimer ;

Avignon, le 29 Juin 1883.

† Fr.-Ed., *Arch. d'Avignon.*

LE
VÉNÉRABLE PÈRE ANTOINE LEQUIEU

LES

RELIGIEUSES DU T.-S. SACREMENT

ET

LES CONFRÉRIES QUI LEUR SONT AFFILIÉES

RAPPORTS

PRÉSENTÉS AU CONGRÈS EUCHARISTIQUE

D'AVIGNON

AVIGNON
AUBANEL FRÈRES, IMPRIMEURS
DE N. S. P. LE PAPE ET DE MONSEIGNEUR L'ARCHEVÊQUE
Place Saint Pierre, 9

—

1883

Entièrement soumis à l'autorité de la sainte Eglise, l'auteur du Rapport sur le Vénérable Antoine Lequieu *fait toutes les réserves prescrites par le Pape Urbain VIII et par l'Inquisition romaine.* (Décrets de 1625, 1631 et 1634).

I

LE VÉNÉRABLE PÈRE ANTOINE LEQUIEU

BIOGRAPHIE

Présentée au Congrès Eucharistique d'Avignon

Par M. l'abbé BOUYAC, vicaire a S. Agricol.

MESSIEURS,

J'ai à vous entretenir quelques instants du vénérable Père Antoine Lequieu, une des gloires religieuses de notre Comtat. Il vécut parmi nous la plus grande partie de sa vie et y mourut à Cadenet, en odeur de sainteté, en 1676, après avoir fondé la stricte Observance dans l'Ordre de S. Dominique et avoir établi les religieuses du S. Sacrement.

De ces deux institutions, la première a été emportée avec tant d'autres par la révolution de 89; la dernière seule a survécu. Les filles du P. Antoine sont encore debout aujourd'hui, rendant à Notre-Seigneur Jésus-Christ un culte public, solennel, perpétuel. Elles sont toujours là comme ses gardes du corps, ses premières gardes d'honneur. Voilà plus de deux cents ans qu'elles se transmettent cette glorieuse mission autour du Tabernacle, se relevant les unes les autres pour que l'adoration ne fasse jamais défaut ni le jour ni la nuit.

Une bouche plus autorisée et plus savante vous dira l'histoire de ces religieuses, leurs vertus, leurs épreuves, leurs gloires, et, comment elles rivalisent avec les anges du Ciel pour louer l'Agneau de l'Eucharistie assis sur son trône d'amour.

Plus modeste est mon rôle ; il se borne à faire revivre sous vos yeux leur illustre fondateur. Connaissant le prix de l'arbre, nous serons mieux à même d'apprécier le beau fruit qu'il a porté.

J'ai dit : faire revivre ; le mot est vrai. La mémoire du P. Antoine dort dans le silence de l'oubli. A part l'église de Cadenet qui garde précieusement son corps (1) sous les dalles du sanctuaire et l'honore de ses hommages et de ses prières ; à part les religieuses Sacramentines qui le vénèrent comme un père, l'imitent comme un modèle, l'invoquent comme un protecteur et un saint, et conservent avec piété ses lettres autographes et autres reliques sauvées de la révolution, combien qui ignorent jusqu'à son nom, même parmi les personnes pieuses, et, dans nos pays qu'il a évangélisés. *Il est devenu un étranger parmi ses frères!* (*Ps.* LXVIII, 9). Faudrait-il voir dans cet oubli étonnant le triomphe de son humilité qui se survit?

A nous, de nous incliner de respect et d'amour devant cette grande figure du P. Antoine. Il a passé *comme une flamme ardente, comme l'encens qui se consume dans le feu* aux pieds des autels (Eccl. IV, 9). Peu d'hommes ont eu, autant que lui, l'intelligence et l'amour de l'Eucharistie. Peu d'hommes ont consacré tant de veilles et de travaux à propager, à faire fleurir son culte et y ont si bien réussi. — Puisse donc cet hommage que nous lui rendons, assurer sa protection à tous les membres du Congrès qui sont les héritiers de son zèle, les continuateurs de son œuvre, et aider à l'heureux succès de leurs travaux pour la plus grande gloire du Très-Saint Sacrement !

Il y a là, MM., devant nous toute une grande vie à parcourir. Comment le faire en quelques traits, car le temps est précieux ?

Faut-il vous montrer le parfait religieux qui semble avoir pris cette

---

(1) En 1791, le clergé le transporta, en grande pompe, de l'église du couvent dans le sanctuaire de l'église paroissiale, afin de le soustraire à toute profanation.

noble devise : *excelsior*, plus haut, plus haut encore !... Plus parfaite l'obéissance, plus complet le renoncement, plus absolue la sainte pauvreté !

Faut-il vous montrer l'apôtre infatigable qui rêve de conquérir la terre, « de renverser Genève et bannir l'hérésie de France, d'attaquer Constantinople, d'abattre le croissant pour arborer à la place la croix de Jésus-Christ » ? C'est mille mondes, disait-il encore, que je voudrais pouvoir évangéliser au prix de ma mort et de mes souffrances. Ne croiriez-vous pas entendre comme un écho de la grande âme de S. Paul ou de S. François Xavier ?

Mieux vaut, ce me semble, nous borner à sa vie eucharistique. Aussi bien, l'amour de l'Eucharistie, n'est-ce pas sa vertu propre, le trait distinctif de sa physionomie, le caractère particulier de sa sainteté ? Ne voyons donc en lui que l'homme du Saint Sacrement, le parfait imitateur de Notre-Seigneur Jésus-Christ, vivant dans nos tabernacles.

La vie de Jésus-Hostie est une vie d'adoration et de prières incessantes, une vie de sacrifice et d'immolation. Telle doit être la vie du chrétien, telle fut excellemment la vie du Vénérable P. Antoine du S. Sacrement.

I

Le dix-septième siècle que M. Cousin appelle « le type immortel de la grandeur », le fut aussi de la sainteté, et ses premiers génies se distinguèrent par une foi vive et profonde. On vit briller alors au firmament de l'église de France toute une pléiade de saints.

Le P. Antoine Lequieu ne fut pas un des moins illustres. Il naquit à Paris d'une famille honorable et vertueuse, le 17 févier 1601. Après une jeunesse exemplaire et de brillantes études à l'Université, il entrait dans l'ordre des Dominicains, subissait victorieusement les épreuves de noviciat et était élevé à la dignité de prêtre. Il n'avait que 30 ans, lorsque ses supérieurs l'envoyèrent au couvent d'Avignon, en qualité de maître des novices; dès lors sa vie nous appartenait.

Ce n'est pas sans un dessein particulier que la Providence l'appelait dans nos murs. Avignon, la ville du S. Sacrement, méritait d'être le berceau du 1er ordre voué à l'adoration (1). Il fallait, à cet amant passionné de l'Eucharistie, la chapelle de notre couvent de Dominicains qui gardait, encore vivant après trois siècles, le souvenir des fêtes splendides auxquelles présida le pape Jean XXII, lors de la canonisation de S. Thomas d'Aquin, le chantre immortel de l'Eucharistie. Il lui fallait surtout notre sainte chapelle des Pénitents Gris.

Ne vous semble-t-il pas le voir, à ses heures de loisir, traversant les rues de la ville, voilé dans sa modestie, le rosaire à la main, le capuce sur la tête, allant rendre ses hommages à son Dieu, toujours exposé à nos adorations. C'est là qu'il dut recevoir à genoux, le front dans la poussière, le cœur embrasé d'amour, non pas la première signification de la volonté divine, — Dieu lui avait parlé bien auparavant, — mais un nouvel encouragement à entreprendre l'œuvre de la réforme de son ordre.

Cette réforme portait sur deux points, la plus étroite pauvreté et l'adoration perpétuelle du S. Sacrement.

A force de contempler la pauvreté de son Dieu dans l'hostie, où il ne possède qu'un vêtement d'emprunt, (car les accidents que nous voyons en lui ne lui appartiennent pas, ce sont les apparences du pain et du vin), notre saint se trouvait relativement riche et il en rougissait. Le couvent d'Avignon, comme les autres couvents, possédait des rentes ou des fonds de terre dont le revenu servait à l'entretien des frères. C'était contraire aux institutions de S. Dominique; et encore que le concile de Trente eût accordé une dispense à cet endroit, on n'était pas tenu d'en user, disait-il. Il fallait revenir

(1) Dans le cours du dix-septième siècle, nous ne trouvons que deux ordres religieux, ayant l'adoration perpétuelle. Le premier est celui des Sœurs du S. Sacrement, fondé par le P. Antoine ; le second est celui des Bénédictines adoratrices, fondée à Paris, par la célèbre mère Mecthilde. Chez celles-ci, l'adoration commença en 1654, tandis que les Sœurs du S. Sacrement n'eurent qu'en 1659 la réserve de l'Eucharistie ; mais l'établissement des Sœurs du P. Antoine datait de 1639, tandis que celui de la mère Mecthilde ne paraît pas remonter au-delà de 1651. Le P. Antoine a donc la priorité, surtout si l'on considère que son ordre était spécialement voué au culte de l'Eucharistie, tandis que les religieuses de la mère Mecthilde, étaient un ordre existant déjà et que l'on adoptait après coup à cette dévotion. — Note du P. A. Potton, *Œuvres du V. P. Antoine*, Poussielgue-Rusand, Paris 1864.

à la pauvreté absolue ; il fallait réaliser le mot de S. Paul: *Nihil habentes* (2ᵉ Cor. IV, 10).

Il voulait en outre établir dans son ordre, l'adoration du T.-S. Sacrement. L'oubli, l'abandon, le vide qui se fait autour de Jésus-Hostie était le grand chagrin de son cœur, qui saignait à la vue de nos églises désertes, de nos tabernacles délaissés. A sa perpétuelle présence, il brûlait de répondre par l'adoration perpétuelle.

Pendant quatre ans, il médita ces pieux projets, tout en remplissant ses fonctions de maître des novices. Doué de la science qui instruit et de *la charité qui édifie*, maître éclairé, guide sûr, modèle parfait, il les conduisait à la plus haute sainteté, plus encore par ses exemples que par ses leçons.

Il trouvait encore le temps de visiter les prisonniers et les malades de nos hôpitaux, de confesser et de diriger un grand nombre d'âmes, de prêcher tous les samedis la parole de Dieu à une foule avide de l'entendre, et, quand le soir d'une journée si bien remplie était venu, entrant dans sa cellule, il y passait la nuit en prière, n'accordant à son corps que deux heures de sommeil. Si intime était son union avec Dieu, que son visage était transfiguré, et le lendemain il apparaissait à ses frères comme Moïse descendant du Sinaï, après ses entretiens avec le Seigneur, le front rayonnant d'une lumière céleste.

Après cela, étonnez-vous du succès de son apostolat et des merveilles dont Dieu se plut à le favoriser ; étonnez-vous de la désolation qui fut générale dans la ville, quand on apprit que le P. Antoine s'en allait à Rome où l'appelaient ses supérieurs pour conférer avec lui sur son projet de réforme !...

La piété de notre Saint fit, de ce long voyage, un pèlerinage Eucharistique. Il allait, comme les apôtres, un bâton à la main, joyeux des fatigues et des privations de la route, ne perdant jamais la présence de Dieu. Il allait, célébrant tous les jours le S. Sacrifice, visitant les églises, qu'il rencontrait sur les chemins, s'imposant parfois de longs détours pour se donner cette consolation ; c'était comme une douce halte qu'il faisait pour réparer ses forces épuisées, et plus d'une fois il s'oublia sur les marches de l'autel dans une extase séraphique.

Ainsi, d'église en église, il arrive jusqu'à Rome. Le P. Général l'accueille comme un enfant de prédilection, approuve pleinement sa réforme; le Souverain Pontife, Urbain VIII, en témoigne une grande joie, l'encourage de son autorité suprême, l'enrichit de nombreuses indulgences et lui donne plein pouvoir de l'établir en France.

Quelle joie pour ce Saint et comme il hâte son retour ! C'est à peine s'il vénère en passant la *Santa Casa* de Lorette, le tombeau de S. François à Assise, celui de son père S. Dominique à Bologne, et il arrive à Avignon, n'ayant qu'un désir au cœur : propager sa réforme.

Il avait eu d'abord le projet de l'établir dans la ville, comme on l'en avait prié. Mais soit qu'il craignît de contrister ses frères qui ne partageaient pas ses vues, soit qu'il redoutât les honneurs que le peuple lui rendait, il préféra le modeste hameau de Lagnes voulant que son Ordre naquît dans l'humilité et l'indigence, comme le Sauveur à Bethléem.

Il accepta donc avec reconnaissance une maison que lui offrit M. Scipion de Saint-Tronquet, seigneur de Lagnes, et le 1er juillet 1633, il en prenait possession en présence de Mgr de la Bourdesière, évêque de Cavaillon, qui voulut bien lui déférer l'honneur de bénir la chapelle et d'y célébrer la première messe, à laquelle Sa Grandeur assista avec un nombreux clergé.

Bientôt les religieux accoururent, et dans l'espace de trois ans, deux nouvelles maisons furent fondées, l'une au Thor, qui devait être dans la suite la plus solide et plus importante de l'Ordre, l'autre à Marseille à l'église de N.-D. du Rouet.

C'était l'obscurité, la pauvreté même que ces couvents. Le silence y était perpétuel, la nourriture et le vêtement des plus grossiers, et telle était la ferveur des religieux, qu'après les offices de la nuit qui duraient trois heures, la plupart demandaient comme une grâce de ne point se coucher pour prolonger leurs adorations.

Lui-même n'eut longtemps d'autre cellule que la chapelle, d'autre lit que le marche-pied de l'autel; et quand tout dormait au couvent, seul devant le tabernacle, il en ouvrait la porte, écartait les voiles et sa foi, triomphant du nuage qui dérobe Notre-Seigneur Jésus-Christ à nos sens grossiers, il le voyait comme à découvert et dans la gloire d'un ciel anticipé, il entendait sa voix, il touchait son corps, il entrait dans ses plaies ; et, seul à seul avec le Maître, dans ce divin tête-à-tête, il versait son cœur et son âme dans le cœur et dans l'âme de son Dieu, par de courtes aspirations ou de simples regards. « Il m'avise et je l'avise », pouvait-il dire avec autant de vérité que le paysan du curé d'Ars.

Et les premiers rayons du jour le trouvaient encore là, à genoux, immobile, les bras étendus en croix et dans une auréole de gloire. « Peut-on s'ennuyer, écrivait-il, de passer quelques heures auprès de Celui avec qui nous espérons demeurer toute l'éternité ».

L'œuvre paraissait donc prospère. Elle avait bien l'inspiration d'en haut, la sanction de l'autorité suprême, la faiblesse des moyens, l'encouragement du succès. Cependant il lui manquait quelque chose.... le cachet divin de l'épreuve, la consécration de la souffrance.

La vie de Notre-Seigneur Jésus-Christ au tabernacle n'est pas seulement une vie d'adoration et de prière, c'est encore et surtout une vie d'immolation et de sacrifice. Voilà la seconde vie qu'il reste au Père Antoine de reproduire pour être le parfait imitateur de Jésus-Hostie.

II

L'épreuve ne se fit pas attendre. Dans sa soif insatiable de pauvreté et de mortification, le P. Antoine, après en avoir obtenu la permission du cardinal Sforce, vice-légat d'Avignon, par une bulle expresse, alla jusqu'à imposer à ses religieux la nudité des pieds, inconnue jusque là dans les diverses réformes de l'ordre.

Cette innovation faillit tout détruire. Ses religieux se soumirent humblement et avec joie ; mais l'ordre des Dominicains, auquel il restait uni comme la branche au tronc, se souleva contre lui, l'accusant de semer la division dans la famille et d'en rompre l'unité qui fait sa gloire et sa force. Le général lui commanda sur le champ d'abandonner cette pratique, grosse de dangers pour l'avenir de l'ordre ; et, comme le P. Antoine résistait, s'appuyant sur la bulle du vice-légat et en appelant au Pape, dernier juge ecclésiastique, le général retira sa protection, et tout l'édifice croula.

Chassé successivement des trois maisons qu'il venait de fonder et suivi de quelques frères, il entreprenait une seconde fois le voyage de Rome, pour plaider sa cause devant ses supérieurs. C'était en 1642.

Faut-il vous dire les épreuves qui l'attendaient à Civita-Vecchia, où il eut à subir une prison de huit jours, et celles, plus cruelles encore, qui l'attendaient à Rome, au couvent de S. Sixte où il fut enfermé jusqu'au jour de son jugement ! Faut-il le suivre à la barre du Chapitre général, protestant humblement qu'il ne veut que la volonté de Dieu ? Faut-il vous le montrer entrant avec joie dans la prison à laquelle il fut condamné ? Repos, santé, liberté, vie, il sacrifiera tout, plutôt que de trahir la mission qu'il a reçue du ciel.

Quel terrible combat dut se livrer dans cette âme à la fois si courageuse et si humble ! Des voix contraires se font entendre, et parfois il ne sait pas démêler celle qui vient de Dieu ; l'une dit : il vaut mieux obéir à Dieu qu'aux hommes ; l'autre dit : les hommes sont souvent l'expression de la volonté de Dieu. L'humilité l'attire par ses charmes et lui crie : soumets-toi. L'espérance lui dit : ne crains rien, Dieu est avec toi... Et ainsi poussée en sens contraire, cette âme flottante et irrésolue, prête à mourir plutôt que d'offenser Dieu, craint de lui déplaire quoi qu'elle fasse, dans la résistance comme dans la soumission. Les plus grands saints, Ste Thérèse, Ste Chantal, l'illustre Fénelon, ont connu ce martyre de l'âme mille fois plus cruel que celui du corps ! Et toujours dans ces luttes, le dernier mot est resté à l'humilité.

Le P. Antoine a pu se tromper en cette circonstance, mais sa bonne foi fut entière, ses intentions pures et droites, mettant au-dessus de tout, ce qu'il croyait être la gloire de Dieu et le bien des âmes. Son humilité triompha de l'épreuve, en lui montrant dans la volonté persévérante de ses chefs la volonté du Dieu qui préfère l'obéissance au sacrifice ; et dès lors cette obéissance reprit en lui tous ses droits.

Ayant donc renoncé à la nudité des pieds, notre saint recouvra, avec la liberté, l'estime de ses supérieurs qui ne méconnurent jamais ses éminentes vertus ; et muni de lettres patentes, qui lui donnaient pouvoir de relever ses couvents et d'en fonder de nouveaux, il reprit le chemin de la France et regagna sa maison du Thor, où l'attendaient deux anciens religieux qui s'en étaient constitués les fidèles gardiens.

A cette épreuve qui avait duré quatre ans, vint s'en ajouter une seconde que ses mérites lui suscitèrent. Alors qu'il croyait sa congrégation naissante bien affermie, ses frères du couvent S. Honoré à Paris le choisirent pour leur prieur. En vain il protesta, se déclarant incapable, disant que Dieu le voulait ailleurs, il dut, après avoir refusé par humilité, accepter par obéissance.

Nous ne le suivrons pas à Paris, dans sa nouvelle communauté, où il fit fleurir un grand esprit de charité et de pénitence, un silence, un recueillement parfait, une parfaite observance des règles et surtout un ardent amour du T. S. Sacrement. Nous ne dirons rien de ses rapports obligés avec les grands du monde qui attirés par sa sainteté, venaient lui confier la direction de leur conscience. Quel supplice pour son humilité, quand les seigneurs de la cour, quand la Reine elle-même venaient lui faire visite, pour s'éclairer de ses conseils et solliciter ses prières. Comme il soupirait alors après son couvent du Thor où l'on vivait dans l'obscurité ! Y retourner, ce fut la première grâce qu'il demanda au nouveau supérieur Général, qui venait d'être élu à Rome dans un chapitre dont il faisait partie en qualité de prieur de Paris. Cette grâce lui fut accordée et dès lors jusqu'à la mort plus rien ne vint le distraire de l'établissement de sa chère œuvre.

N'allez pas croire, MM., qu'il en ait fini avec la souffrance. Quand les hommes le laisseront en paix, son amour le rendra ingénieux à faire de sa vie un long acte d'expiation, d'immolation et de dévouement. Il donna tout à N. S. J. C., et les veilles de la nuit par la prière, et les travaux du jour par l'apostolat, et son sang par la mortification, tout jusqu'à son nom.

Son nom ! il s'appelle et il signe *Antoine du S. Sacrement*, comme la séraphique du Carmel signait Thérèse de Jésus et le B. Claver, esclave des nègres. Il ne s'appartient plus, il s'est livré, il s'est vendu au S. Sacrement; oui, il en est l'esclave, la chose, le bien propre, exclusif. Il lui donnera aussi le nom de ses religieux et de ses religieuses qui naîtront de son amour pour l'Eucharistie comme la fleur naît de tige et le fruit de la fleur ! La *Congrégation du T.-S. Sacrement*, les *Religieuses du T.-S. Sacrement*, il ne rêve pas de plus belles dénominations.

C'est à l'Eucharistie que vont tous les travaux de son apostolat. Fuyant les grandes villes, il s'en allait dans les hameaux, dans les bourgs et les villages, les plus pauvres et les plus délaissés, bravant les fatigues et les dangers, méprisant la mort, prêchant partout les quarante heures, prouvant la présence réelle, l'excellence et les merveilleux effets de la sainte messe, la nécessité de la communion fréquente. La Provence, le Comtat, le Dauphiné, le Languedoc, les Cévennes furent tour-à-tour le théâtre de ses prédications. Il poussa même jusqu'à Genève, et, l'entrée de cette ville lui étant interdite, il évangélisait les pays d'alentour, leur consacrant deux mois chaque année pendant dix ans consécutifs.

Pourrions-nous oublier Mérindol (1), surnommé la Genève de la France par son attachement au protestantisme et sa haine de la vraie foi. Il travailla dix-sept ans à le convertir, sans y réussir, je dis ceci pour la consolation de bien des prêtres. Il s'y établissait des mois entiers, célébrait les saints mystères, exposait le S. Sacrement, prêchait sur les places publiques, faisait de splendides processions avec le concours des pays voisins qu'il y attirait, plantait des croix en face du temple protestant; et quand, hélas, elles étaient abattues, car alors comme aujourd'hui, l'impiété en voulait à la croix, signe auguste de pardon, de rédemption et d'amour, il allait jusqu'au parlement d'Aix, jusqu'au Roi, et le roi très-chrétien faisait rendre un arrêt, condamnant les hérétiques à rétablir les croix à leurs frais et ordonnant de les respecter sous peine de mort.

Avignon, qui avait eu les prémices de son apostolat, eut le privilège d'avoir son dernier carême, dans la paroisse S. Agricol. Il ne fallut rien moins qu'un ordre de Rome pour triompher de son humilité qui lui faisait dire : je ne suis bon qu'à prêcher les villages.

Son carême donna un démenti à cette parole ; quel succès ! et ce qui vaut mieux, quels fruits merveilleux ! Le vice-légat et Mgr l'archevêque vinrent souvent entendre le saint missionnaire. Gens de travail, grands de la ville, nobles et gentilshommes, se pressaient

---

(1) Petit village de Provence, situé sur les bords de la Durance, à 17 kil. de Cavaillon. Mérindol était alors divisé en trois hameaux et dépendait pour le temporel de l'évêque de Marseille et pour le spirituel de l'évêque de Cavaillon.

dans l'église trop étroite et l'escortaient de l'église au couvent, et du couvent à l'église, faisant de chacune de ses sorties, autant de triomphes et l'acclamant avec ces paroles : ô saint, ô grand saint, priez pour nous.

Où l'enthousiasme méridional ne connut plus de bornes, ce fut à la troisième fête de Pâques, lorsque le P. Antoine étant allé prendre congé de Mgr l'Archevêque, des milliers de personnes de tout rang l'accompagnèrent au palais épiscopal. Quand il en sortit, la foule avait encore grossi. C'était à qui l'approcherait de plus près, obtiendrait une nouvelle bénédiction, couperait un morceau de ses habits. Il fallut, pour le délivrer, le jeter dans un carrosse, et, encore dut-il s'arrêter au cloître de S. Agricol. La foule l'y suivit ; puis vinrent les grands de la ville, puis les malades affluant de toutes parts. Les chanoines du vénérable Chapitre, qui s'étaient fait les gardes du corps du P. Antoine, furent impuissants à le protéger ; on menaçait d'enfoncer les portes et de faire un pieux butin de ses habits et de de son bréviaire. Heureusement, les gardes suisses du Vice-Légat arrivèrent pour délivrer le saint qui fondait en larmes, confus et humilié.

III

Le P. Antoine se délassait de ces travaux apostoliques dans la prière et dans une pénitence qui ne connut point de limites. Qui dira les effroyables privations auxquelles il a soumis son corps ? Ce qui est le strict nécessaire pour les autres est pour lui un luxe, une superfluité. Les premiers éléments de la vie de l'homme, a dit le Sage, c'est l'eau, le pain, le vêtement, la maison. Or, ces conditions élémentaires de la vie, le P. Antoine, n'en a point souci dans ses prédications ; il n'a d'eau que celle des fossés, de pain que celui qu'on lui donne ; quant aux vêtements, il préfère les plus usés ; enfin sa maison, c'est l'église (1). C'est jusqu'au sang qu'il se mortifiait par les jeûnes, les veilles, les disciplines et les chaînes de fer. Ne lui parlez pas de ménagements ; il vous répondrait : « *Il faut bien que*

---

(1) Lettre de Mgr l'Évêque de Genève, témoin des travaux du saint missionnaire. *Vie du P. Antoine*. (2 vol. in-12. Avignon, Dupérier MCCLXXXII) T. II, p. 453.

mon pauvre âne aille avec moi en paradis. » L'âne, c'est son corps qu'il traite plus durement qu'une bête de somme.

Messieurs, rien n'est grand, rien n'est puissant et fécond comme le sacrifice. Ne vous étonnez pas que le P. Antoine s'immolant chaque jour avec Notre-Seigneur Jésus-Christ, confondant ses sueurs, ses larmes, ses travaux, son sang avec le sang d'un Dieu, ait réussi à donner à son œuvre un aussi magnifique développement.

Avant ses grandes épreuves, il possédait trois maisons : Lagnes, le Thor, Marseille. Il avait déjà repris le Thor (1) ; mais il ne chercha pas à revenir à Lagnes (2), ni à Marseille ; l'un était trop petit pour offrir des ressources suffisantes à l'entretien de ses religieux ; l'autre, trop grande ville pour leur humble ministère.

Il fit en échange plusieurs nouvelles fondations, une en 1658 à Sault (3), aux pieds du Mont-Ventoux ; une autre, en 1660 à Cadenet (4), alors du diocèse d'Aix ; une autre, en 1664, à S. Paul-Trois-Châteaux (5), dans le Dauphiné ; une autre à Vaison en 1672 (6) ;

---

(1) Le couvent du Thor existe encore ; il est situé au nord du pays, à peu de distance. Son état est des plus tristes ; les corridors et les cloîtres qui reliaient entr'eux les divers corps de bâtiment ont été démolis ; on a fait une remise de la chapelle qui n'avait rien de remarquable. (Note due à l'obligeance de M. l'abbé Dibon, curé du Thor.)

(2) Il ne reste aucun vestige du couvent de Lagnes, qui n'était autre que la maison de M. S. de St Tronquet ; elle abrita pendant neuf ans seulement les religieux du P. Antoine et on a même perdu le souvenir du lieu où elle était construite.

(3) Le couvent était situé dans la vallée, au hameau de la Loge ; il n'en reste qu'une niche, une Vierge en bois que l'on n'a pas cessé de vénérer sous le titre de *Vierge des Pères*, et un immense bassin. Ce couvent servit d'abord de résidence aux Pères Capucins qui l'abandonnèrent, faute de ressources. Ce fut alors que Mgr de Fortia, évêque de Carpentras, le confia aux religieux dominicains du Thor. M. Jules de Terris possède une copie prise sur l'original du mandement, par lequel cet illustre prélat mit le P. Antoine en possession du couvent. M. de Terris a bien voulu nous montrer encore une quittance d'un legs de 300 francs, fait par Mgr le cardinal Bichi, au couvent des Dominicains de Sault ; la signature latine du P. Antoine Lequieu figure au bas de la quittance.

(4) Les divers corps de bâtiment de ce couvent vendus pendant la révolution ont été convertis en maisons privées ; de nouvelles constructions l'ont relié à la ville, dont il était séparé et ce quartier est connu sous le nom de *quartier du couvent*.

(5) Une partie du couvent existe encore ; on y voit, assez bien conservés, le cloître, la chapelle et les cellules. Ces restes apartiennent aux Frères maristes qui ont à S. Paul une maison provinciale et qui les utilisent.

(6) Le couvent était situé dans la basse ville ; la chapelle où l'on célébrait encore

une autre à Bedoin (1) en 1676, que la mort ne lui permit pas d'achever.

Tout en se multipliant, ces couvents avaient gardé leur pauvreté originelle. Les religieux y étaient en petit nombre. Ajoutez à cela les labeurs d'un ministère incessant et vous comprendrez qu'il fallut renoncer, non sans un profond chagrin, à l'adoration perpétuelle qui devenait impossible.

Ce fut pour y suppléer que notre saint établit à Marseille un ordre de religieuses dont le culte de l'Eucharistie serait l'objet propre, direct, exclusif; et la Providence a voulu que cet institut, secondaire dans la pensée du fondateur, survive au premier et devienne son œuvre principale.

L'*esprit de l'ordre* s'affirme, se résume dans son nom : les *Religieuses du S. Sacrement*. Ce titre est à lui seul tout un programme ; c'est l'abrégé des règles et des constitutions; il dit le caractère propre de l'ordre, son but particulier, sa fin unique. Il n'existe que pour le S. Sacrement, pour le louer, pour l'adorer et le glorifier. Les sœurs doivent avoir une dévotion *extraordinaire* pour l'Eucharistie ; c'est le mot qui revient à tout propos dans les lettres et les constitutions du P. Antoine.

Tout dans leurs pensées, leurs affections et leur vie extérieure, converge vers le S. Sacrement, comme vers un centre unique. Si elles vous abordent, c'est par ce salut : loué soit le T.-S. Sacrement ; si elles prennent congé de vous, leur parole d'adieu est : loué soit le T.-S. Sacrement. Si elles vous écrivent, le premier mot que trace leur plume est celui-ci : loué soit le T.-S. Sacrement. Dans le travail, les repas, les exercices, toujours cette devise qui commence tout, qui termine tout pour tout sanctifier : loué soit le T.-S. Sacrement. Leurs armoiries, c'est le divin ostensoir qui éclaire de ses rayons la

---

la sainte Messe, il y a une quinzaine d'années, est aujourd'hui abandonnée ; elle n'a aucun cachet d'architecture.

(1) Ce couvent fut vendu, lors de la révolution, puis racheté par M. Durand, curé de cette paroisse, qui y a établi et fondé l'hospice actuel. C'est du chœur de l'église de ce couvent que proviennent les quinze médaillons du Rosaire qui décorent actuellement la chapelle de la Ste Vierge de la paroisse, et qui sont des chefs-d'œuvre de peinture. (Note due à l'obligeance de M. l'abbé Hugues, curé de Bédoin.)

glorieuse devise. Il n'est pas jusqu'à leur robe où elle doit briller ; gravée sur un écusson en argent, elles la portent comme un sceau à l'endroit du cœur, à titre d'épouses de Jésus-Christ qu'elles aiment uniquement, et sur le bras droit à titre de servantes, trop heureuses de se dévouer pour un tel maître.

Il y a mieux encore, elles doivent être le supplément de la religion et de l'amour des peuples et aimer Jésus-Christ pour ceux qui ne l'aiment pas, lui obéir pour ceux qui le méconnaissent, l'adorer et le bénir pour ceux qui le blasphèment et l'outragent. Et comme l'amour ne dit jamais : c'est assez, elles doivent chercher à propager, à faire fleurir au dehors cette dévotion, à gagner des âmes adoratrices, en s'associant les personnes pieuses du monde qui, se succédant deux à deux devant le S. Sacrement, lui rendront le même culte d'honneur que dans le cloître. (1)

MM., toutes ces idées nous sont aujourd'hui familières. Le culte de l'Eucharistie a pris au dehors dans ces derniers siècles une magnifique extension, grâce à l'institution des processions de la fête Dieu, grâce à la dévotion au S. Cœur de Jésus et aux innombrables congrégations religieuses écloses à son souffle. Mais reportez-vous par la pensée à 200 ans et au delà. Rien de semblable n'était connu. C'est le P. Antoine qui le premier a ouvert la voie dans laquelle nous sommes heureux et fiers de marcher. Relisez attentivement les constitutions qu'il écrivait alors; c'est un code complet, un manuel pratique d'adoration ; vous y verrez que tout ce qui s'est fait depuis, pour la gloire du S. Sacrement : communions réparatrices, adoration nocturne et diurne, n'en est que l'application. Nous continuons modestement son œuvre ; et quand nous aurons pleinement réalisé toutes ses grandes idées et ses sublimes conceptions, alors nous aurons fait de la terre comme un vaste temple où tous les chrétiens unis dans un seul cœur et une seule âme, se consumeront de prières et d'amour pour la sainte Eucharistie.

(1) De là est né le Tiers-Ordre qui en honneur, bien avant la révolution, s'est rétabli, en 1824, dans toutes les maisons de l'Institut. De là ces pensionnats que dirigent les Sœurs du S. Sacrement, où les jeunes filles sont formées à l'amour de l'Eucharistie, qu'elles vont ensuite répandre dans le monde au sein de leur famille.

Inspirée par Dieu, qui lui avait montré dans une vision ses futures religieuses sous l'image d'une corbeille de fleurs des plus odorantes et des plus belles, humblement commencée en 1639, cette œuvre, après bien des tribulations qui la consolidèrent, reçut son couronnement vingt ans après, le jour où Mgr du Puget, évêque de Marseille, donna le saint habit aux trois premières religieuses et leur accorda le privilége de conserver la réserve dans la chapelle. Le saint fondateur assistait à cette émouvante cérémonie et il disait à Dieu dans la joie de son âme : « Vous savez que j'eusse voulu avoir des millions de cœurs pour reconnaître l'amour que vous nous témoignez dans le mystère de la foi, des millions de corps pour pouvoir me multiplier, vous faire continuellement la cour dans toutes les églises du monde où vous résidez, et réparer par mes hommages les injures atroces que l'on vous fait partout. Mais voici, mes chères filles, qui suppléeront à mon impuissance ; elles ne s'éloigneront jamais des marches de votre autel ; elles vous adorent nuit et jour dans vos tabernacles, elles vous aimeront sans relâche et vous loueront humblement dans tous les siècles. »

Ces paroles sont comme une histoire prophétique et abrégée des Religieuses du P. Antoine. Les statuts déjà autorisés par l'ordinaire reçurent en 1660 l'approbation du S. Pontife. Durant les 17 ans de vie que le saint passa encore à la tête de sa nouvelle famille, il la forma à l'esprit de son ordre, veillant sur elle avec une sollicitude maternelle, dirigeant ses premiers pas, l'aidant à triompher des premières épreuves, la réchauffant de son amour, l'éclairant de ses lumières dans de nombreuses lettres (1) que le couvent de Marseille conserve de nos jours comme son plus précieux trésor.

L'ordre était fondé et avec lui l'adoration perpétuelle du S. Sacrement. Le P. Antoine pouvait mourir.

C'est dans son couvent de Cadenet, le 7 octobre 1676, que ce grand serviteur de Dieu, tenant d'une main un crucifix, un rosaire de l'autre, s'éteignit doucement, trois quarts d'heure après avoir reçu

---

(1) Ces lettres sont au nombre de soixante-cinq, et respirent toutes le plus ardent amour pour la Ste Eucharistie et pour les vertus religieuses. (V. P. Potton, p. 436.)

le saint Viatique, faisant de son dernier soupir un dernier acte d'amour.

Dieu glorifia son tombeau par un grand nombre de miracles, relatés dans sa vie, écrite par le P. Archange, que je viens de résumer. La cause de sa béatification fut portée devant le S. Siége et le Pape Innocent XII institua à cet effet, dans nos pays, en 1693, un inquisiteur et un commissaire apostoliques. Que sont devenus les procès de l'enquête ? Jusqu'à quel point a-t-elle été conduite ? Y a-t-on jamais renoncé et pour quels motifs ? A ces diverses questions, les historiens ne répondent que par le silence. Sera-t-elle reprise un jour ? Espérons-le avec les Religieuses du S. Sacrement et redoublons avec elles de ferveur dans nos prières pour hâter ce jour où Dieu tirera de l'oubli pour le placer sur nos autels celui qui l'a tant glorifié dans son adorable Eucharistie.

En attendant, Messieurs, vénérons la mémoire du P. Antoine du S. Sacrement ; faisons connaître sa vie dépensée tout entière à honorer Jésus-Hostie; reproduisons-la dans notre propre vie. Que l'Eucharistie soit le centre de nos pensées et de nos affections, le but de nos travaux comme elle est le principe de notre force et la source de notre joie !

Soyons tous les hommes du S. Sacrement, que la devise du P. Antoine soit la nôtre: *Loué soit le T.-S. Sacrement.*

Vous avez émis le vœu, l'année dernière, à Lille, que cette devise fût inscrite par tous les vrais chrétiens, en tête de leurs lettres et souvent redite dans leurs conversations. Je propose au Congrès de renouveler ce vœu. Nous ferons mieux encore ; non contents de graver sur le papier ou dans nos paroles la chère devise : *loué soit le T.-S. Sacrement*, nous la commenterons dans les œuvres d'une vie sainte et parfaite, toute à la gloire de l'Eucharistie.

Laudetur Jesus Christus, nunc et semper. Amen.

II

LES SŒURS DU T.-S. SACREMENT

ET

LES CONFRÉRIES QUI LEUR SONT AFFILIÉES.

RAPPORT

Présenté au Congrès Eucharistique d'Avignon

PAR M. L'ABBÉ REDON, VICAIRE GÉNÉRAL.

Messieurs,

Monseigneur de Ségur, en établissant les Congrès Eucharistiques, a voulu mettre en présence les œuvres des différents pays, afin qu'elles puissent se compléter par des moyens, qui auraient déjà l'appui de l'expérience. Vous aussi, à votre Congrès de Lille, vous avez voté par acclamation le vœu proposé par M. de Pèlerin, demandant de fonder, partout où ce sera possible, des confréries ayant pour but la réparation par l'adoration du T.-S. Sacrement.

Il me semble que je répondrai à ce vœu et à la pensée de Monseigneur de Ségur, en vous entretenant quelques instants de la première congrégation religieuse qui ait été établie spécialement pour faire jour et nuit l'adoration perpétuelle. Il s'agit des *Sœurs du*

T.-S. *Sacrement* et des *Confréries qui leur sont affiliées*. Je vous dirai ce qu'elles ont déjà fait et ce qu'elles peuvent faire, pour pratiquer et développer encore davantage le culte Eucharistique.

I.

Les Sœurs du T.-S. Sacrement forment une congrégation, qui a des monastères dans plusieurs diocèses, et que nous avons le droit de compter au nombre de nos Institutions Eucharistiques les plus importantes, puisque trois villes de notre diocèse : Bollène, Avignon et Carpentras possèdent chacune un couvent de *Sacramentines*. Elles eurent pour fondateur un religieux Dominicain, le P. Antoine Lequieu, qui passa la plus grande partie de sa vie à Avignon. C'est ici, le jour de l'Exaltation de la Ste Croix, 14 septembre 1634, qu'il conçut le projet d'établir des communautés de Sœurs, dont le but principal serait *l'Adoration perpétuelle* du S. Sacrement. Il commença cette œuvre à Marseille en 1639, mais l'établissement définitif des religieuses n'eut lieu qu'en 1659 et 1660, quand Mgr du Puget, évêque de Marseille, les établit comme congrégation simple, avec le titre de *Sœurs du S. Sacrement*, et donna son approbation aux règles et aux constitutions qu'elles avaient reçues du P. Antoine, en attendant que le saint Siége approuvât leurs statuts et les autorisât à faire des vœux solennels.

Elles n'obtinrent cette approbation et cette autorisation, que dix-huit ans après la mort de leur fondateur. Par son Bref *Ex injuncto* du 6 novembre 1693, le Pape Innocent XII rappela l'histoire de la fondation des sœurs déjà établies par l'Evêque de Marseille, indiqua l'œuvre principale qu'elles doivent accomplir, en se succédant, d'heure en heure, jour et nuit, devant la sainte Eucharistie, autorisa l'Evêque à les recevoir à la profession religieuse et approuva toutes les règles et constitutions données par le Père Antoine.

La communauté de Marseille prospéra et fonda en 1725 une maison de son ordre à Bollène. Sur la demande du curé de cette paroisse, qui faisait alors partie du diocèse de S. Paul-trois-Châteaux, quelques religieuses, envoyées par Mgr de Belzunce, vinrent y établir un couvent de Sacramentines, qui joignirent à la pratique de *l'adoration perpétuelle*, l'éducation des jeunes filles. Grâce aux généreux bienfaits de la famille de Roquard, qui lui donna une maison, deux religieuses et deux chapelains, le monastère de Bollène devint bientôt très-florissant et continua, jusqu'en 1790, d'opérer par le rayonnement de ses vertus beaucoup de bien, à la grande joie et à l'édification des habitants.

Pendant les mauvais jours de la Révolution, les Religieuses sacramentines de Marseille furent obligées de se disperser. Il y en eut quatre qui allèrent à Rome, où elles demeurèrent jusqu'à ce que des temps meilleurs leur permirent de revenir en France. Celles qui restèrent dans leur patrie, eurent bien des peines à endurer, mais la plus dure, ce fut de ne plus pouvoir faire l'adoration. « O mon Dieu ! s'écriait une d'entre elles, un peu d'adoration et puis mourir. » Comme si la vie n'était supportable pour elle, qu'autant qu'elle pouvait l'employer à adorer Jésus dans le sacrement de son amour. Plusieurs furent incarcérées et sur le point de monter sur l'échafaud. Plus de la moitié des sœurs du couvent de Bollène furent saisies et transférées à Orange, où on les mit en prison avec d'autres religieuses des monastères voisins. Là pour se préparer à comparaître devant le terrible tribunal révolutionnaire, qui ne savait prononcer que des sentences de mort, elles observaient dans leur cachot, avec calme et régularité, tous les devoirs et exercices de la vie religieuse. Loin d'avoir peur de la mort, elles donnaient du courage aux malheureux condamnés qui en manquaient. Une d'elles avait composé une joyeuse élégie sur l'instrument de supplice qui lui était réservé. En voici deux strophes :

Bien loin que la guillotine	Qui te craint, ô guillotine,
Me cause quelque frayeur,	A mon avis a grand tort
Que son aspect me chagrine	Si tu nous fais triste mine,
Et puisse troubler mon cœur,	Tu nous conduis à bon port;
Mon Dieu me fait voir en elle	Si tu nous parais cruelle,
Un moyen bien précieux,	C'est pour notre vrai bonheur.
Qui, par une voie nouvelle,	Une couronne immortelle,
Me conduit tout droit aux cieux.	Est le prix de ta rigueur.

Une autre disait aux gardes qui la conduisaient à la mort : « Nous avons plus d'obligation à nos juges qu'à nos pères et à nos mères, qui ne nous ont donné qu'une vie temporelle, tandis que nos juges nous procurent une vie éternelle ». La sœur Pélagie (Rosalie Bès), sitôt après son jugement, sortit une boîte de dragées qu'elle distribua à ses compagnes en leur disant : « Je les avais réservées pour le jour de mes noces. »

Ces Religieuses montaient sur l'échafaud avec une joie vraiment céleste, et les gendarmes, témoins du contentement qu'elles avaient en face de leurs juges et de leurs bourreaux, disaient remplis d'étonnement : « *Ces coquines meurent toutes en riant.* »

Elles s'étaient trouvées dans les prisons d'Orange quarante-deux victimes volontaires destinées à la mort, et il y en eut trente-deux qui achevèrent leur sacrifice. Les dix autres, délivrées à la chute de Robespierre, furent bien affligées de n'avoir pu suivre leurs compagnes au festin des noces célestes. Parmi ces trente-deux victimes, les Sacramentines de Bollène eurent le bonheur de compter treize de leurs Sœurs dont on a conservé les noms. Nous citerons seulement celle qui monta la première sur l'échafaud, le 4 juillet 1794, la sœur saint-Mathieu, (Suzanne de Gaillard Lavaldène, native de Bollène), âgée de 52 ans, dont quatorze de religion ; et la Révérende mère assistante, sœur Aimée de Jésus, (Marguerite de Gordon, native de Montdragon) âgée de 60 ans, dont quarante-trois de religion. — La supérieure, la Révérende mère de La Fare, fut emprisonnée au Pont-S.-Esprit, et les autres religieuses furent dispersées.

La révolution s'efforçait ainsi d'atteindre son but satanique, qui est de renverser l'Eglise, en ruinant les institutions qu'elle a établies ; mais Dieu tout puissant et miséricordieux a fait échouer ces complots ; il a fait multiplier et étendre les œuvres que l'on s'acharnait à détruire. Avant 1790, il n'y avait que deux couvents de Sacramentines ; il y en a sept maintenant.

Lorsque l'orage révolutionnaire eut passé, le monastère de Bollène fut rétabli le premier et ne tarda pas d'en fonder plusieurs autres : le sang de ses treize martyres était une semence qui ne pouvait manquer d'être féconde. Peu de jours après la signature du Concordat (1802), la Révérende mère de La Fare, supérieure du couvent de Bollène en 1794, reprit, après huit ans d'interruption et dans son ancien couvent, les exercices de la vie religieuse, de l'*adoration perpétuelle* et de l'éducation des jeunes filles. Bientôt elle avait le bonheur de fonder le couvent d'Avignon en 1807 (1), et celui de Carpentras en 1817.

Les anciennes Sacramentines de Marseille s'établirent d'abord à Aix en 1806, puis fondèrent une maison à Marseille en 1816, et à Bernay (Normandie) en 1859. Enfin, en 1863, sur la demande de Mgr Clifford, Mgr Debelay, qui venait d'établir l'adoration perpétuelle du S. Sacrement dans les paroisses du diocèse d'Avignon, autorisait, quelques mois avant sa mort, les religieuses de Bollène à fonder un couvent, à Taunton, dans le diocèse de Clifton en Angleterre.

Tel est l'état actuel des Communautés des Religieuses du S. Sacrement. Cet ordre, existant depuis plus de deux cents ans, est le premier (2) qui ait été directement consacré à l'*adoration perpétuelle* du S. Sacrement. Son vénérable fondateur, par ses vertus poussées jusqu'à l'héroïsme, a mérité que la cour de Rome commençât le procès de sa canonisation. Il donna à ses religieuses la Règle de S. Augustin, et y ajouta des constitutions, pleines de sagesse, qui furent approuvées par les Souverains Pontifes et sont particulièrement propres à sanctifier et à satisfaire les âmes attirées par la grâce de Dieu à l'adoration et à la réparation Eucharistique (3).

Le diocèse d'Avignon s'estime heureux de posséder trois communautés dans chacune desquelles, depuis environ 80 ans, les Religieuses du S. Sacrement n'ont cessé de se succéder jour et nuit devant le Dieu de l'Eucharistie, et d'unir leurs adorations, leurs réparations et leurs prières à celles de N. S. J. C., pour l'Eglise, le Souverain Pontife, la conversion des pécheurs et la sanctification des justes. Que de grâces obtenues ! Que de châtiments détournés par ces pieuses adoratrices ! Quelle reconnaissance ne leur devons-nous pas ?

Leur fondateur assure dans ses écrits que leur ordre doit se répandre partout et briller d'un vif éclat ; je suis persuadé, Messieurs, que

(1) Elle fut surtout aidée dans cette fondation par Mme Aubanel, aïeule de MM. Aubanel, libraires.

(2) Le Père Antoine commença l'œuvre de ses religieuses adoratrices en 1639 ; ce fut seulement en 1654, que la mère Mecthilde s'occupa d'établir à Paris l'adoration perpétuelle, chez les Bénédictines qui existaient déjà depuis longtemps.

(3) Pour être admise chez les Sacramentines, il faut avoir de l'attrait pour tout ce qui concerne le culte de la sainte Eucharistie, et surtout pouvoir faire l'adoration nocturne.

vous concevez les mêmes assurances. En constatant dans ce Congrès la rapide extension que prennent partout dans l'Eglise les œuvres eucharistiques, vous devez avoir la confiance que l'Institution des sœurs du S. Sacrement sera de plus en plus florissante et qu'elle contribuera à la diffusion de l'adoration perpétuelle, par le nombre et la ferveur de ses religieuses et par le développement *des confréries* qui leur sont affiliées.

LI

Les Sœurs du S. Sacrement exercent leur salutaire influence par leurs exercices de l'adoration perpétuelle et les vertus qu'elles pratiquent. A chaque heure du jour et de la nuit, la cloche de leur monastère, sonne trois coups, pour indiquer qu'une nouvelle adoratrice vient prendre sa place devant le tabernacle, et qu'il faut s'unir à elle pour adorer le roi Jésus. Elles offrent aussi à tous les fidèles un moyen de s'associer à elles, pour participer à leurs œuvres et à leurs mérites. Le Père Antoine, désireux d'attirer tout le monde à la pratique et aux fruits de l'adoration du S. Sacrement, avait prévu cette agrégation des séculiers qui formeraient comme le tiers-ordre de sa congrégation. Il avait écrit au livre II de ses constitutions, chapitre XIII :
« Les sœurs associées, quoique dans le monde, pourront vaquer à
» la vie intérieure, et faire la cour au S. Sacrement, pendant le jour,
» dans les églises. On donnera à chacune une heure pour demeurer
» devant le S. Sacrement, et y prier Dieu pour le salut du monde,
» pour les nécessités de l'Eglise, et pour la perfection des ordres re-
» ligieux. »

Fidèles observatrices de ce point de leurs règles, les Sacramentines ont organisé dans chacun de leurs couvents une association de personnes du monde, dont elles inscrivent le nom sur un registre, et qui s'obligent à adorer le S. Sacrement, une fois par an, au jour et à l'heure qu'elles ont fait inscrire.

En 1707, les Sacramentines de Marseille obtinrent une bulle par laquelle le Pape Clément XI accordait diverses indulgences à leurs associés et elles ouvraient, en 1708, un registre qui va jusqu'à la révolution, et dans lequel on a inscrit plus de douze mille associés. On y voit figurer des communautés religieuses, des paroisses tout entières sous la direction de leurs pasteurs. Il y a le nom de Mgr de

Belzunce qui avait fixé son heure d'adoration au 24 décembre, à 10 h. du soir. Un nouveau registre a été commencé après la révolution, on y trouve inscrits : Mgr Eugène de Mazenod, pour le jour de la fête du Sacré-Cœur, de 8 h. à 9 h. du matin ; Mgr Cruice, pour le jour de l'Immaculée-Conception de 7 h. à 8 h. du matin ; Mgr Charles Place, pour la fête du Sacré-Cœur, de 6 à 7 h. du matin ; Mgr William Clifford, évêque de Clifton, pour le Jeudi-saint, à 10 h. du soir ; et Mgr Robert, pour le 29 septembre, de 7 h. à 8 h. du matin. Tous ces prélats ont accompagné leur signature sur le registre, de quelques paroles qui expriment leur pieux sentiments envers l'Eucharistie. Leur exemple et leur patronage ont attiré un grand nombre d'associés ; dans les trois années qui suivirent, en 1847, l'inscription de Mgr de Mazenod, on inscrivit plus de trois mille personnes, parmi lesquelles il y avait quatre-vingts prêtres.

A Aix, les Religieuses du S. Sacrement ont obtenu de Grégoire XVI, sur la demande du cardinal Bernet, un indult qui accorde des indulgences à la confrérie du S. Sacrement établie dans la chapelle de leur monastère. Elles ont un registre où elles inscrivent les noms de leurs élèves, des personnes qui, connaissant l'œuvre, demandent elles-mêmes leur inscription, et des associées recrutées par les amies de Jésus-Eucharistie, fidèles à remplir ainsi leurs fonctions de zélatrices.

Madame la supérieure du S. Sacrement, à Bollène, écrivait le 30 août 1882 : « L'association des personnes agrégées à notre commu- » nauté est depuis très-longtemps établie dans notre couvent. Nous » y tenons un registre sur lequel nous inscrivons le nom de nos as- » sociés. Chacun fixe le jour et l'heure de son adoration que nous » marquons sur notre registre ; il reçoit un billet d'agrégation et s'en- » gage à faire son heure d'adoration dans sa paroisse qui est souvent » très-éloignée de nous. Nos parents et nos élèves ne manquent pas » de se faire agréger, c'est une pieuse habitude qui date du temps de » nos plus anciennes mères. »

C'est sans doute à ces associées que l'église paroissiale de Bollène doit l'avantage d'avoir depuis longtemps et de conserver encore l'adoration diurne que de pieuses adoratrices font chaque jour de 7 h. du matin à 7 h. du soir.

Par son Bref *Cum sicut* du 24 avril 1782, Pie VI répondant à la demande des Sacramentines de Bollène et des autres monastères du même ordre, accorda de nombreuses indulgences plénières et partielles à tous, et à chacun des membres des confréries de l'adoration perpétuelle du S. Sacrement établies avec l'autorisation des ordinaires dans chacune de leurs églises qui existaient alors ou qui seraient érigées dans la suite. Le 10 octobre 1782, l'évêque de S. Paul-Trois-Châteaux publia et mit à exécution ce bref, en vertu duquel Mgr Etienne Maurel de Mons, archevêque d'Avignon, par son ordonnance du 24 avril 1824 érigea dans l'église des Religieuses du S. Sacrement à Avignon et dans celle des mêmes Religieuses à Carpentras, la confrérie de l'adoration perpétuelle du S. Sacrement, dont les membres jouiront des faveurs accordées par le Souverain Pontife Pie VI (1).

(1) PRIVILÈGES ACCORDÉS A PERPÉTUITÉ par notre saint Père le Pape Pie VI, par sa Bulle, en date du 21 avril 1782, aux Fidèles associés à l'Adoration perpétuelle du saint Sacrement, qui se pratique par les Religieuses du saint Sacrement de Bollène, Avignon et Carpentras.

1. Indulgence plénière pour le jour de la réception.
2. Indulgence plénière le jour de l'année qu'on aura choisi pour faire son adoration, soit dans l'église des Religieuses du saint Sacrement, ou dans une autre.
3. Indulgence plénière le premier Dimanche d'avril.
4. Indulgence plénière le jour de l'Annonciation de la sainte Vierge, fête principale.
5. Indulgence plénière à l'heure de la mort, en invoquant de bouche ou de cœur le saint nom de Jésus.
6. Indulgence de sept ans et autant de quarantaines aux Fidèles associés, qui visiteront dévotement l'église desdites Religieuses, les fêtes de Noël, de la Nativité de la sainte Vierge et de tous les Saints.
7. Indulgence de sept ans et autant de quarantaines le jour de la Fête-Dieu et chaque jour de son Octave, le Jeudi-Saint, en visitant une des églises où se trouve la réserve du saint Sacrement.
8. Indulgence de soixante jours aux Associés toutes les fois qu'ils entendront la Messe dans l'église desdites Religieuses, et assisteront aux autres Offices qui s'y récitent et qui s'y célèbrent; toutes les fois qu'ils diront cinq *Pater* et cinq *Ave Maria*, et qu'ils exerceront quelques œuvres de piété ou de charité en la forme ordinaire des brefs des Indulgences.
9. Les Religieuses qui, à cause de leur clôture, ne peuvent visiter ladite église, pourront gagner toutes les susdites Indulgences en visitant l'église de leur monastère.

Le registre des affiliés au couvent de Carpentras commence en 1825 et contient environ 400 inscriptions, celui des affiliés au couvent d'Avignon commencé le 12 juin 1824, contient plus de 2000 noms. On y voit inscrit un des premiers, le 22 juin 1824, M. Anne-Marie-Joseph-Gabriel-Jean-Jacques de Latour Vidaud, pour faire son adoration la 5me férie de la semaine sainte, à...; l'heure n'est pas fixée; ce n'est pas une heure, mais la journée et la nuit que ce fidèle adorateur de l'Eucharistie, ce restaurateur de la chapelle des Pénitents Gris passait le jeudi saint devant le S. Sacrement. A la suite de son nom, on voit ceux de plusieurs chanoines, prêtres, pieux laïques, etc. En 1834 et en 1861, la communauté des Sœurs de S. Joseph à l'hôpital d'Avignon s'est fait inscrire tout entière; on y trouve aussi inscrites à la fois plusieurs religieuses Trappistines, des Sœurs hospitalières de Carpentras et de l'Isle, et de nombreuses séries d'associées dans les paroisses d'Apt, de Caderousse, de Comps, de Morières, de Malémort, de S. Saturnin-lès-Avignon, etc.

Il y a sur ce registre 610 noms inscrits de 1824 à 1830
419 de 1830 à 1840
444 de 1840 à 1850
288 de 1850 à 1860
159 de 1860 à 1870
83 de 1870 à 1880

Ce relevé nous montre la justesse d'une observation que faisait naguère une supérieure du S. Sacrement. « Le nombre de nos as so-
» ciés, écrivait-elle, ne va pas en augmentant, et nos confréries de
» l'adoration perpétuelle qui intéressent grandement la gloire de
» Jésus-Eucharistie et le bien des âmes, ne produisent pas tous les
» fruits qu'en attendait notre saint fondateur. »

« Notre œuvre n'est pas achevée », disait une sœur qui est morte depuis quelques années, et qui pendant longtemps avait été chargée

Pour gagner les susdites Indulgences plénières et les Indulgences de sept ans et autant de quarantaines, il faut être contrit, confessé et communié, prier ensuite selon l'intention du Pape, pour l'extirpation des hérésies, la concorde des princes chrétiens et l'exaltation de notre mère la sainte Eglise.

Les Fidèles de l'un et de l'autre sexe, qui désireront être reçus dans ladite Confrérie, donneront leur nom, le jour du mois et l'heure qu'ils auront choisis pour faire leur adoration

d'inscrire les nouveaux associés sur le registre de son couvent. « Nous
» avons un moyen d'extension par le billet d'agrégation qui contient l'in-
» dication des indulgences à gagner et qui est remis à chaque membre
» de la Confrérie, mais nous manquons de l'impulsion et de l'action
» qui donnent la vie et le mouvement à toute association. Une fois
» inscrits, nos associés restent isolés dans leurs paroisses. Il n'y a pas
» de zélateurs ou de zélatrices pour recruter de nouveaux membres,
» et pour adresser à ceux qui sont déjà agrégés des billets d'invitation
» qui les feraient souvenir du jour et de l'heure de leur adoration.
» Personne ne les convoque pour les réunir aux jours des solennités,
» où, en faisant les œuvres prescrites, ils gagneraient les indulgences
» qui leur sont accordées. Enfin leur décès ne nous est pas même
» connu et ils ne peuvent recevoir le fruit de nos prières que par
» l'effet d'une intention générale, ou de la communion des saints. »

Ces observations et ces désirs nous paraissent bien justes ; c'est ce
que demandait le P. Antoine, lorsqu'il écrivait dans ses constitutions,
livre II chapitre XIII « que l'on doit parler aux associés pour les ani-
» mer au mépris des choses de la terre, à l'exercice de l'oraison, à la
» douceur, au fidèle accomplissement de leur vocation..... à la charité
» envers le prochain, laquelle est avec l'amour de Dieu l'accomplisse-
» ment de la loi et le lien sacré de la perfection chrétienne. »

C'est ce qui s'est pratiqué à Marseille, à l'époque où la confrérie
de l'adoration perpétuelle du S. Sacrement y était le plus florissante :
un prêtre réunissait les associés dans la chapelle du couvent, et,
avant de donner la bénédiction du S. Sacrement, il leur adressait
une instruction sur un des sujets indiqués par le P. Antoine.

Une autre raison explique aussi la diminution progressive du nombre
des associés. C'est que, à mesure que l'on s'éloigne de l'époque, où, il y
a plus de 60 ans, les confréries ont été canoniquement érigées dans
les couvents des religieuses du S. Sacrement, on en connaît moins
l'existence ainsi que les avantages, les grâces et les indulgences
qu'elles offrent à leurs membres. Si on les connaissait mieux, si les
pasteurs en parlaient à leurs ouailles, si les prêtres, dans les réunions
des diverses institutions ou congrégations paroissiales qu'ils dirigent,
faisaient connaître les confréries de l'adoration perpétuelle érigées
dans les chapelles des couvents du S. Sacrement, et montraient com-

bien il est facile de s'y faire agréger et de remplir les obligations prescrites, pour jouir des avantages qui y sont attachés ; il y aurait non-seulement beaucoup de fidèles qui viendraient se faire inscrire, mais, ainsi que cela s'est déjà pratiqué, on verrait encore des communautés religieuses, des maisons d'éducation, des congrégations paroissiales, des familles entières, heureuses de se faire affilier à la confrérie de l'adoration perpétuelle du S. Sacrement. Il y aurait ainsi un grand nombre de fidèles qui participeraient aux bonnes œuvres et aux prières des Religieuses Sacramentines, et gagneraient de précieuses indulgences, toutes les fois qu'ils feraient un acte de piété envers la Ste Eucharistie ou de charité envers les vivants et les morts. Ils sentiraient bien vite s'allumer dans leurs cœurs la flamme Eucharistique, et ne sauraient résister à l'attrait qui les conduirait bien souvent devant le Saint Tabernacle et leur ferait prendre la pieuse habitude de visiter régulièrement le S. Sacrement.

Tel était l'objet des plus vifs désirs du P. Antoine. Il aurait voulu avoir des millions de cœurs pour reconnaître l'amour de Jésus-Christ dans l'Eucharistie, et des millions de corps pour lui faire assidûment la cour dans les Eglises ; il n'a fondé les Religieuses et les confréries de l'adoration perpétuelle du S. Sacrement que pour susciter des multitudes d'adorateurs et d'adoratrices fidèles à réparer continuellement, jour et nuit, les injures que l'on fait à notre divin Sauveur, et à suppléer par un amour qui ne serait jamais interrompu, au défaut d'amour de tant d'hommes et même de tant de chrétiens.

Je n'ai pas eu d'autre but, ni d'autre désir, en vous présentant ce rapport. Je le termine en vous proposant de vous associer au vœu que je forme: « Pour la prospérité et l'extension des Religieuses du » S. Sacrement ; pour que l'on fasse connaître l'existence et les avan- » tages des confréries de leurs associés, afin que de nombreux fidèles » viennent s'y faire agréger. »

Ce résultat pourra facilement s'obtenir dans le diocèse d'Avignon, où tous, pasteurs et fidèles, trouveront aux couvents des Sacramentines à Avignon, à Carpentras et à Bollène, le registre, sur lequel ils pourront, soit individuellement, soit par séries, se faire inscrire comme membres de la *Confrérie de l'adoration perpétuelle du S. Sacrement*.

SENTIMENTS DE PIÉTÉ

AU TEMPS DE L'ADORATION.

Que vos tabernacles sont aimables, ô Dieu des vertus ! (Psalm. 83.) Mon âme soupire et languit d'amour au pied de vos autels. Qui me donnera d'y trouver mon repos jour et nuit, dans l'admiration de vos grandeurs et de vos bontés infinies, mon Dieu et mon tout !

Vous trouvez vos délices d'être parmi les enfants des hommes ; n'est-il donc pas juste que je trouve mon bonheur à être sans cesse avec vous ? Dans cette vallée de larmes vous serez désormais mon refuge et mon asile, parce que c'est vous qui soutenez les faibles, qui relevez ceux qui tombent, qui ramenez ceux qui s'égarent, qui éclairez ceux qui sont dans les ténèbres et les ombres de la mort. Vous êtes la voie que je veux suivre, la vérité que j'embrasse, la vie après laquelle je soupire. Vous êtes vous-même ma nourriture, ô Dieu d'amour !

Pour vous, Filles de Sion, Epouses de Jésus-Christ, venez et voyez, contemplez les prodiges qui s'opèrent sur la terre ; admirez le véritable Salomon, couronné du diadème de sa gloire, et de toutes les grâces de son amour ! Venez et voyez sur son trône cet Agneau immolé pour vous, et devenez autant de victimes offertes en holocauste, pour reconnaître jusqu'à la fin des siècles l'excès de son amour.

Comment peut-on vous oublier ou vous méconnaître, ô aimable Jésus ? Et faut-il que ce soit sur le trône même de votre amour que les hommes vous méprisent et vous outragent plus sensiblement ? O cieux, frémissez de douleur, et vous, hommes terrestres et aveugles, qui ne connaissez pas celui que vous avez au milieu de vous, rougissez et soyez saisis d'étonnement ! Pour moi, ô mon Sauveur et mon Dieu, je me jette à vos pieds, le cœur percé de douleurs, pour réparer les outrages que je vous ai faits ; pour déplorer l'indifférence de tant de chrétiens qui vous oublient ; pour vous demander pardon de toutes les irrévérences qu'on commet tous les jours contre vous ; pour détester tant de sacrilèges dont se rendent coupables les âmes perfides qui communient indignement, et gémir sur tant de profanations commises par les hérétiques. Je suis rempli d'amertume, je suis couvert de confusion, et je n'ose lever les yeux vers vous. Je voudrais pouvoir, ô mon Sauveur, vous rendre autant d'honneur qu'on vous a fait d'outrages.

Que le ciel et la terre vous adorent ; que toutes les nations à l'envi publient votre gloire ; que tous les peuples soient témoins des prodiges de votre amour ; que tous les cœurs vous soient soumis !

Je m'unis à tout ce que les Anges et les Saints vous rendent de devoirs et d'adorations au ciel et sur la terre. Que n'ai-je mille cœurs pour vous les offrir ? Faites-moi la grâce, ô Dieu d'amour, et le Dieu de mon cœur, que je vous aime toujours davantage ; que je vous sois fidèle jusqu'à la fin, et que j'aie le bonheur un jour de vous contempler face à face, ne l'ayant pu faire ici que sous les voiles de votre auguste Sacrement.

Loué soit le très-saint Sacrement à jamais!

Avignon. — Aubanel fr., Imp. de N. S. P. le Pape et de Mgr l'Archevêque

www.ingramcontent.com/pod-product-compliance
Lightning Source LLC
Chambersburg PA
CBHW060504050426
42451CB00009B/809